AF357129

ASSEMBLÉE GÉNÉRALE DES CATHOLIQUES

DU NORD ET DU PAS-DE-CALAIS

en 1882

DISCOURS

SUR LES

CONGRÈS OUVRIERS

PAR

M. Ch. THELLIER DE PONCHEVILLE

Avocat

LILLE

IMPRIMERIE LEFEBVRE-DUCROCQ

—

1882

LES
CONGRÈS OUVRIERS

Messeigneurs,

Messieurs,

L'air est plein de menaces ; l'atmosphère sociale est
chargée d'électricité, on pourrait dire de dynamite. Et
pendant que, dans la sérénité de votre foi, dans la sin-
cérité de vos consciences et dans l'ardeur de votre
charité, vous vous attachez à étudier et à servir les vrais
intérêts des classes laborieuses, d'autres autour de vous
poussent des cris d'épouvante. La société laïque qui,
hier encore, sommeillait dans une douce quiétude, se
sent menacée; et ceux-là même qui s'étaient plu davantage à flatter les passions populaires et à pervertir les
masses ouvrières sont les premiers à crier au *péril
social*.

Ce péril n'est point à nier; le volcan est en travail;
les explosions de Montceau-les-Mines, de Lyon, de

Montpellier, d'Arles, les placards incendiaires de Paris, de Marseille, de Saint-Étienne, de Reims et d'ailleurs ne sont que les incidents secondaires et les avant-coureurs d'une vaste éruption qui se prépare. Nous autres catholiques, nous avons, sur ceux que cette crise affole, l'avantage de l'avoir prévue, celui de connaître le seul remède qui puisse sauver la société (si elle doit l'être, c'est-à-dire si nous savons le mériter), celui enfin d'avoir travaillé par avance et de travailler encore avec plus d'ardeur que jamais à cette œuvre de salut.

Dans ce travail, il est un élément de succès que nous ne saurions négliger ; je veux dire la connaissance, aussi exacte que possible, du danger et des causes qui l'ont fait naître et grandir. C'est dans cet ordre d'idées, sans doute, que la Commission du Congrès catholique de Lille a inscrit à votre ordre du jour un rapport sur l'histoire et les doctrines des Congrès socialistes de France.

Ces Congrès qui, depuis 1876, tiennent, chaque année, leurs assises dans l'une ou l'autre de nos grandes villes, ont pris une part, et la plus considérable, à la préparation du mouvement antisocial. C'est là une démonstration qui sera facilement faite. Mais, cause seconde, ils sont eux-mêmes des effets par rapport à des causes plus éloignées ; ils constituent une étape décisive, mais non la première, dans la marche de l'armée du désordre.

D'où vient cette armée ? C'est l'armée du mécontentement. Il y a dans notre siècle un grand mal qu'on a appelé le « malaise ouvrier » et dont vous connaissez depuis longtemps les causes.

La foi ébranlée, affaiblie, souvent disparue au milieu des classes dirigeantes et par celles-ci au sein des classes populaires ; — par suite, l'oubli, de la part de ceux qui possèdent, de leurs multiples devoirs de patronage, — la perte, du côté de ceux qui travaillent, de la notion divine, de leur condition de labeur et des inégalités sociales, l'oubli des vertus qui relèvent cette condition et concourent tout à la fois à l'adoucir et à l'améliorer. — Cet affaiblissement de la foi et par conséquent de la charité sociale, coïncidant tout à la fois avec la rupture révolutionnaire des liens corporatifs qui unissaient patrons et ouvriers, et avec une immense transformation des conditions générales du travail ; transformation qui, à coup sûr, a augmenté dans une mesure inouïe la production industrielle, lutte gigantesque de l'homme contre la matière, mais aussi lutte ardente des hommes entre eux ; lutte des capitaux contre les capitaux concurrents, et, par contre-coup, lutte entre le capital et le travail ; combat pour la vie auquel sont forcés de prendre part la femme arrachée au foyer et l'enfant arraché à l'innocence et à l'heureuse insouciance de son âge, où les accidents, la vieillesse prématurée et les chômages sèment de blessés le champ de bataille.

Faut-il s'étonner que les cœurs se soient aigris, que l'ouvrier, déshabitué de regarder du côté du ciel, ait jeté sur la terre et sur ses richesses des regards de convoitise et d'envie ?

Aussi, depuis longtemps, les masses s'agitent, elles cherchent, sans que la vraie lumière les guide, une amélioration à ce sort qui leur paraît insupportable.

Tantôt ce sont des concerts en apparence pacifiques, comme les réunions des délégués aux expositions de Londres, de Paris, de Vienne et de Philadelphie ; tantôt des explosions sanglantes comme celles de juin 1848 et de mars 1871.

Dans cette recherche d'un inconnu qui miroite devant ses yeux, le peuple a trouvé des guides. Il est devenu une puissance politique, et des ambitieux, voulant se l'attacher, ont surexcité ses passions et grisé son esprit de promesses chimériques. En même temps sont venus des théoriciens qui ont tracé la formule de la société de l'avenir, et des organisateurs qui ont levé l'armée chargée de monter à l'assaut de la vieille société condamnée à mort.

Le plus puissant d'entre eux, Karl Marx, a donné à cette organisation sa forme définitive dans l'*Association internationale des travailleurs*. C'est toujours son œuvre que nous avons sous les yeux.

Mutilée et proscrite après les événements de 1871, l'Internationale parut, pendant quelque temps, frappée à mort dans notre pays. Elle vivait cependant, et elle attendait patiemment son heure. Lorsque, le 2 octobre 1876, la faiblesse du gouvernement permit au premier Congrès ouvrier de s'ouvrir à Paris, c'est elle qui rentrait en scène.

Elle avait changé de nom pour échapper aux rigueurs de la loi ; elle était devenue *nationale,* et ses relations d'au-delà des frontières n'étaient plus accusées que par les adresses sympathiques des frères travailleurs des pays voisins. Mais la plupart des promoteurs et des organisateurs du Congrès étaient notoirement affiliés à la Société proscrite ; et si beaucoup de délégués, au début surtout, étaient inconscients du but où on les menait, il ne saurait être douteux que ce but était précisément la réorganisation et le développement de la *Section française de l'Internationale*.

Six Congrès, en y comprenant celui que je viens de rappeler, se sont successivement réunis ; le septième est annoncé, et c'est dans notre région même, c'est à Roubaix qu'il doit siéger dans le courant de l'année 1883. Les passer rapidement en revue peut être un travail utile. Je le ferai, moins pour noter au passage tel ou tel discours incendiaire, ou telle ou telle scène pittoresque qui ont suffisamment attiré en leur temps l'attention publique, que pour marquer dans les résolutions officielles de ces assemblées, le chemin parcouru, et les étapes qui nous ont amenés logiquement aux premières escarmouches de la guerre sociale.

Le premier Congrès, celui de 1876, qui, pendant dix jours, siégea dans la célèbre salle de la rue d'Arras, réunit 360 délégués dont 105 des départements ; ceux-ci appartenaient à 35 villes ou communes ; et avec ceux de Paris ils avaient la prétention de représenter « au moins onze cent mille travailleurs ». Tous étaient ouvriers, et la Commission d'initiative refusa impitoyablement l'accès de la tribune à ceux qui n'avaient point ce caractère.

Ce fut un véritable événement.

« C'est la première fois, lisait-on alors dans une de nos meilleures Revues, c'est la première fois dans l'his-

toire de notre pays que se rencontre un fait pareil ;
jusqu'ici l'exposition et la discussion des doctrines
sociales s'étaient produites en petit comité ou dans des
écrits dont la diffusion était restreinte ; la plupart des
coryphées n'appartenaient pas à la classe ouvrière et
parlaient au nom d'idées théoriques. Aujourd'hui, la
méthode est différente. » Ce sont des ouvriers, de vrais
ouvriers qui se font les apôtres et les professeurs de
ces doctrines, et c'est au grand jour qu'elles s'étalent.

Naïfs étonnements des premiers jours ! Nous en avons
vu bien d'autres ; et ces énergumènes de 1876 nous
feraient aujourd'hui l'effet de prudents sénateurs, j'oserai
presque dire..... de bourgeois.

C'est qu'en effet le programme (qui, dit-on, joue par-
fois dans les Congrès un rôle important et prépare ou
devine les résolutions), le programme avait été tracé
avec la plus habile modération :

Le travail des femmes ;

Les chambres syndicales ;

Les conseils de prud'hommes ;

L'apprentissage et l'enseignement professionnel ;

La représentation directe du prolétariat au parlement ;

Les associations coopératives de consommation, de
production et de crédit ;

Les caisses de retraite, d'assurance et les invalides du
travail ;

Enfin les associations agricoles et la nécessité des
relations entre les ouvriers de l'industrie et ceux de
l'agriculture.

Tels sont les sujets assez anodins, en apparence, sur

lesquels les congressistes sont appelés à méditer, à discourir et à voter. Quelques enfants terribles ont bien parlé de supprimer les capitalistes et même le capital, mais on les a invités à rentrer au bercail, et les journaux bien pensants de la démocratie qui possède ont loué les ouvriers de leur sagesse. Toutefois, il se produit dès lors deux symptômes qu'il ne faut pas négliger et qui nous expliqueront bien des choses.

Le premier, c'est la passion antireligieuse qui anime les rédacteurs du programme, et dont tous les orateurs se font les échos trop fidèles.

La question, si intéressante d'ailleurs, du travail des femmes est un prétexte à déclamation contre l'éducation « abétissante » donnée par les congréganistes, contre les ouvroirs et les couvents ; et la question de l'enseignement se résume dans un système d'éducation, obligatoire, professionnelle, gratuite à tous les degrés, et surtout *laïque*. La laïcité, c'est-à-dire l'exclusion de Dieu, c'est le salut de l'humanité !

Un autre fait à relever, est l'importance capitale donnée à la création des chambres syndicales. Il s'agit d'organiser le parti ouvrier. C'est, au fond, la seule question que les meneurs aient eu véritablement à cœur de résoudre pour cette fois. Ils étaient opportunistes.... à leur manière, et savaient que tous les résultats ne pouvaient être atteints d'un coup. Il fallait préparer l'instrument, la machine de guerre ; cela fait, et l'irréligion aidant, le reste ne pouvait manquer d'arriver par surcroit.

Le deuxième congrès se réunit à Lyon le **28** janvier

1878 ; des événements politiques, auxquels il ne convient pas de faire allusion ici, en avaient retardé l'ouverture.

Les questions discutées furent les mêmes que celles posées au congrès de Paris ; on y ajouta toutefois l'étude du vagabondage et des mœurs dans les centres industriels, ce qui aboutit uniquement à faire déclarer immoral le service des mœurs et à en réclamer la suppression. Tel fut l'idéal trouvé par ces réformateurs. Les splendeurs de la vieille pureté chrétienne étaient bien dépassées !

Mais, si le programme avait peu changé, l'esprit s'était déjà sensiblement modifié. La haine du christianisme apparaît plus intense, on proclame, sous toutes les formes, la nécessité d'arracher l'ouvrier — je cite textuellement : « à ce monstre hideux qui a sa tête à Rome, dont les innombrables bras étreignent le monde entier, et qu'on a si bien nommé la pieuvre noire »

D'un autre côté, l'idée de fédération des forces ouvrières s'accentue plus nettement. Les sociétés de coopération, que les réformateurs bourgeois et le légisateur lui-même avaient empruntées aux anciens programmes ouvriers, ne sont plus envisagées que comme un acheminement à une association plus vaste et plus générale. Et comment ? Par la mise en réserve des bénéfices que ces sociétés réaliseront, bénéfices, qui, versés dans la caisse commune, serviront un jour à la *transformation du salariat.*

Ces aperçus nouveaux sont encore bien vagues dans la bouche des orateurs qui se maintiennent dans la sphère des thèses officielles ; mais il en est d'autres qui n'imitent pas la même réserve, et dans ce congrès de Lyon, la théorie collectiviste fait pour la première fois son apparition à la tribune publique.

Cette théorie vous la connaissez.

Plus d'appropriation individuelle ;

Le sol, le sous-sol, les richesses naturelles, les matières premières, l'outillage industriel, tous les instruments de production, seront remis à la collectivité.

Ils seront et resteront la propriété collective et inaliénable de la masse.

Chacun travaillera sur ce fonds commun, et chaque travailleur sera appelé à profiter du produit intégral de son travail.

C'est bien simple !

Des esprits chagrins pourront peut-être signaler çà et là quelques difficultés dans l'application, dans l'échange et la consommation des produits ; d'autres demanderont quelle autorité devra déterminer la tâche de chacun dans ce grand atelier humanitaire. Ce sont là de menus détails qui ne sauraient sérieusement faire obstacle à un si bel essor du génie humain. Bientôt d'ailleurs nous verrons entrer en scène *l'anarchie* qui résoudra tous ces problèmes : avec elle plus de difficultés d'organisation, car elle supprime toute organisation, plus de conflits d'autorité, puisqu'il n'y a plus d'autorité.......

Mais, il faut le reconnaître, les théories collectivistes restèrent l'apanage de la minorité dans ce congrès de 1878 et la majorité les repoussa. Faut-il dire le vrai mot ? Un membre de la commission du congrès ne l'a pas caché : un peu de prudence était nécessaire. Le bourgeois, qui se prenait à soupçonner qu'on n'en voulait pas seulement au bon Dieu, commençait à s'émouvoir, et la loi alors, si dédaigneuse qu'elle fût de l'ordre moral, n'avait pas encore complétement désarmé. La consécration officielle du collectivisme fut donc ajournée. Vous savez d'ailleurs qu'il n'a pas perdu pour attendre. Il prit sa revanche, dès l'année suivante, au 3ᵉ congrès qui s'ouvrit à Marseille le 20 octobre 1879. Ce congrès fut le premier qui prit officiellement l'étiquette socialiste ; les deux premiers s'étaient modestement intitulés *Congrès ouvriers*. Il fut aussi le premier qui réclama dans ses résolutions officielles, l'égalité absolue des deux sexes, et la suppression également absolue des couvents.

Jusqu'ici tout le monde était d'accord.

Mais l'harmonie cessa quand il s'agit d'aborder la solution du problème social. Les modérés, parmi lesquels je me plais à vous signaler le citoyen Charles Bonne, continuèrent à préconiser le système des émollients : l'impôt unique et proportionnel, les salaires augmentés d'une somme représentant une part proportionnelle dans les bénéfices, bénéfices dont le capital ne devait plus profiter seul. Leur voix ne fut pas écoutée.

On répondit à ces arriérés que l'impôt, progressif ou fixe, de quelque façon qu'il soit perçu, retombera toujours, en l'état actuel, sur les travailleurs ; qu'aucune entente n'est possible avec les détenteurs de la fortune publique, avec ceux qui la retiennent injustement, et qu'enfin la propriété individuelle ne peut assurer la satisfaction des intérêts légitimes des ouvriers.

En conséquence, la grande majorité des délégués, sur la proposition conforme de la commission, se prononça en faveur du système collectiviste.

Le but ainsi déterminé, elle décréta, comme moyen, la formation d'un parti ouvrier par la *fédération* des chambres syndicales, des groupes d'études sociales, des sociétés de consommation et de production, à la condition que les ouvriers seuls composent ces réunions.

La minorité avait protesté contre certaines des conclusions adoptées et réprouvé les manifestations révolutionnaires violentes. Il y avait là le germe d'une scission qui, depuis, s'accentua nettement, au point que tous les congrès qui suivirent furent tenus en partie double. Frères jumeaux, mais frères ennemis !

Cette division fut favorisée, dit-on, par certaines influences gouvernementales. On parle même d'un bureau du ministère de l'intérieur où, entre les mains du citoyen Barberet, ainsi récompensé de manœuvres habiles et dévouées, se concentreraient tous les fils d'un certain socialisme docile et bon enfant, socialisme de gouvernement, sorte de loup apprivoisé qui sert de chien de garde à l'Etat révolutionnaire, et tient à l'autre loup resté sauvage le langage séducteur du chien porte-collier de La Fontaine.

Ce langage a-t-il fait des dupes ? Il est permis d'en douter, car le vrai loup continue à hurler et plus fort que jamais.

Le Hâvre, désigné pour la tenue du 4e Congrès, avait été choisi comme siège de la première expérimentation officielle. — On avait préparé le terrain. Dès avant l'ouverture du Congrès, d'illustres personnages s'en étaient faits, en quelque sorte, les précurseurs, je dirais les parrains, si le mot n'était trop clérical. Appelés par le comité d'organisation, M. Charles Floquet, député de la Seine, M. Yves Guyot, conseiller municipal de Paris, un jeune avocat positiviste, M. Paul Foucart, et M. Corbon, sénateur, donnèrent quatre conférences : sur *l'œuvre sociale de la Révolution française*, sur *l'autonomie communale*, sur la *fonction industrielle de la femme*, et sur *la mise en valeur de l'homme*.

Je ne parlerai que de la conférence de M. Floquet. On était à cette époque néfaste de septembre 1880, entre la première et la seconde série des crochetages, et l'orateur ne trouva rien de mieux que d'insister sur le danger qu'il y aurait à accorder aux associations une pleine liberté *dont les moines pourraient profiter*, et sur la nécessité d'exécuter dans toute leur rigueur les odieux décrets d'expulsion.

C'est toujours le même jeu ! Quand on a excité les fauves et qu'ils commencent à rugir, on leur jette les chrétiens en pâture ; et l'on s'imagine avoir calmé la bête alors qu'on n'a fait, après tout, qu'allumer davantage ses convoitises.

Le Congrès opportuniste du Hàvre, ainsi préparé et composé d'éléments choisis, se réunit en novembre dans la salle Franklin.

On y traita les sujets jadis parcourus dans les deux premiers Congrès ; on vota en outre la suppression de tous les impôts existants, et leur remplacement par un impôt unique sur le capital, la suppression du travail industriel dans les ouvroirs et les couvents, en attendant la suppression complète de ces couvents et ouvroirs cléricaux ; on émit le vœu que le budget des cultes fût supprimé et les biens de main-morte rendus à la nation.

Mais, dès le premier jour, un autre Congrès, beaucoup plus nombreux, avait ouvert ses assises dans la salle de l'*Union lyrique*.

Celui-là reprit pour son compte les pures doctrines collectivistes qui avaient déjà triomphé à Marseille ; il déclara nécessaire l'appropriation collective « le plus vite possible et par tous les moyens possibles », « cette période étant considérée comme une phase transitoire vers le *communisme libertaire* ».

Ne vous effrayez pas de ce nouveau mot, Messieurs ; je me garderai bien de le déflorer, peut-être même de l'obscurcir davantage en essayant de le définir ; je soupçonne seulement ce communisme libertaire de n'être que l'aurore de la merveilleuse *anarchie*.

Une autre nouveauté qui fit son apparition au Hàvre, c'est *l'instruction intégrale, identique pour tous et pour toutes;* instruction donnée, bien entendu, « par la collectivité », jusqu'à ce que l'enfant ait atteint le degré normal du développement de toutes ses facultés ».

N'admirez-vous pas, Messieurs, ce merveilleux instrument : l'instruction intégrale et identique? Grâce à lui, chaque membre de la collectivité, homme ou femme, sera en mesure d'exercer à volonté et successivement tous les métiers, toutes les professions, tous les emplois. Tel qui est aujourd'hui bûcheron ou laboureur, pourra être demain avocat, mineur, mécanicien, professeur, maçon, cordonnier ou médecin, gâte-sauce ou ministre. *(Applaudissements.)* Que de changements à vue, et quelle société divertissante, si toutefois la nature veut bien s'y prêter en donnant à tous une intelligence et des facultés « intégrales et identiques ! »

Après le Hàvre, les Congrès se suivent et se ressemblent, non toutefois sans marquer chaque fois une étape nouvelle des *indépendants*, c'est-à-dire de la véritable armée socialiste et ouvrière.

Reims les reçut en novembre 1881, un peu avant que Paris abritàt, non loin du fameux bureau Barberet, ceux que dès lors on appelait les gouvernementaux.

De ceux-ci rien à dire : le journal la « *Ville de Paris* » est leur organe officiel ; le *Siècle* et la *République française* les comblent d'éloges. Nous sommes bien loin du courant ouvrier ! Aussi se débat-on toujours dans la même ornière. Et la seule nouveauté de l'année, l'instruction secondaire — (laïque, bien entendu) — « accessible aux enfants du peuple par la gratuité après concours », est un bien chétif feu de Bengale à côté de la fulgurante apothéose de l'Instruction intégrale.

Quant aux collectivistes de Reims, ils affirment de nouveau la vraie doctrine, et proclament qu'il n'y a d'affranchissement possible, pour les prolétaires des nations civilisées, que dans la *socialisation* de la matière et des instruments du travail. Rien de neuf de ce côté ; mais une commission spéciale, qui s'intitule commission de *l'organisation du parti*, s'occupe de faire entrer le triomphe des doctrines dans la voie des réalisations pratiques. Pour cela, elle décrète la création d'un *Comité national*, pour servir de lien entre les régions fédérales ouvrières, dont l'ensemble forme le parti ouvrier ou des travailleurs. La constitution de l'armée est dès lors complète ;

elle a une tête et pourra entrer en campagne quand le moment sera venu. Et comme il lui faut, ainsi qu'à toute armée, le *nerf de la guerre*, une autre Commission s'occupe d'organiser, entre les masses des fédérations, une caisse centrale (destinée, dit-on, à appuyer les grévistes), et alimentée au moyen d'une cotisation de dix centimes par membre et par mois, imposée à tous les groupes fédérés.

Enfin, Messieurs, qui de vous n'a entendu parler des Congrès de cette année : celui de Bordeaux, et celui de Saint-Etienne avec son schisme de Roanne.

A Bordeaux sont les opportunistes, les « possibilistes », c'est leur nom. Les collectivistes leur en donnent un autre : « Il y a là-bas à Bordeaux, écrit un de leurs journaux, une sorte d'exposition canine à laquelle on a accroché un écriteau de Congrès. » Dans le monde officiel, on fait grand bruit de la modération relative de leur langage et de leurs conclusions ; leurs revendications ne s'élèvent pas au-delà de la « représentation des prolétaires à tous les corps élus, avec rétribution par jetons de présence. » Mais ils sont bien peu nombreux, le vide se fait autour d'eux ; l'institution Barberet ne prospère pas.

A Saint-Etienne, c'est autre chose ; la vie surabonde à tel point qu'elle déborde et que le trop plein va s'épancher à Roanne.

D'un côté, les collectivistes simples qui, pour arriver au but, veulent bien encore essayer des moyens doux et ne parlent de la violence que comme d'un argument *in extremis*.

De l'autre, les collectivistes révolutionnaires dont le chef est M. Jules Guesde ; ceux-ci sont partisans décidés de la révolution par la force.

Je ne parle que pour mémoire des anarchistes purs, arrivés logiquement au dernier échelon, alors que les autres s'attardent encore sur la pente ; ils parlent peu et préfèrent agir.

Toutes ces fractions diffèrent par les moyens et s'anathématisent mutuellement ; mais pour tous le but est le même : faire table rase de l'ordre social actuel et le remplacer par l'anarchie communiste. Ceux qui blâment les moyens violents ne le font que par un motif d'opportunité. Ils estiment que le parti ouvrier n'est pas encore suffisamment organisé pour agir. Un collectiviste non révolutionnaire (!), le citoyen Joffrin, conseiller municipal de Paris, blâme les faits qui se sont passés à Montceau-les-Mines ; mais pour quelles raisons ? « Vous » n'avez pas démontré, dit-il, qu'en faisant sauter les » églises, vous aurez servi la Révolution. — Le jour » venu, nous n'attaquerons pas les statues, les boîtes à » punaises, nous attaquerons les hommes. »

Le « jour » viendra donc, et ce n'est qu'une question de temps.

Aussi, dans les débats de ce Congrès, n'y a-t-il plus à chercher un corps de doctrines, si étranges fussent-elles. Ce n'est plus qu'une suite de cris de guerre et de violences de paroles, auxquelles font écho les violences de la rue et les plus effrayantes menaces.

Ainsi la logique a fait son œuvre. Les malheureux que l'on a bercés de folles espérances ont hâte d'en voir enfin la réalisation prochaine. Que leur importerait le bonheur promis à l'humanité par la *socialisation* de tous les biens, si de ce bonheur leurs descendants seuls devaient jouir, s'il leur faut attendre une évolution légale pendant laquelle ils continueront à peiner comme autrefois. Jouir ! c'est le seul idéal qu'on leur ait laissé ; ils en ont faim : qui les arrêtera s'ils se sentent la force ? On leur a dit qu'il n'y avait plus de Dieu vengeur ; ils n'ont donc rien à craindre... plus de Dieu consolateur, plus d'espérances immortelles ; il faut donc aller plus vite que la mort et briser les derniers obstacles avant qu'elle ait fait son œuvre.

Les pauvres gens ! Est-ce contre eux que nous devons nous indigner ? N'est-ce pas plutôt contre ceux qui, dans des desseins inavouables, leur ont arraché la foi et soufflé la haine dans le cœur ? Ceux qui, malgré les leçons de cette terrible expérience, n'en persistent pas moins à travailler encore à cette guerre détestable de la guerre à Dieu ? Ceux-là sont les vrais coupables, et l'histoire les flétrira comme des malfaiteurs publics.

Abandonnons-les à son jugement et courons au danger. Il serait inutile de nous en dissimuler l'importance. Ne nous faisons pas d'illusions ; ne croyons pas que cette armée du désordre, que nous avons vue se mouvoir, soit peu nombreuse. Sans doute, malgré l'impression profonde produite dans les foules par l'audace avec laquelle ces doctrines se sont impunément produites depuis six ans, sans doute la masse des travailleurs se compose d'honnêtes gens ; le plus grand nombre reculeraient d'horreur si on leur expliquait le sens véritable

et les conséquences des théories que leurs « délégués »
développent en leur nom. Ils ne savent pas où on les
mène, mais *on les mène !* On ne saurait trop le répéter,
car c'est là qu'est le péril. L'organisation savante et
perfide des chambres syndicales s'est étendue sur tout
le pays. Il s'agit, en apparence, de rétablir l'harmonie
entre le capital et le travail, de prévenir les conflits
entre patrons et ouvriers ; les statuts le disent, et les
braves gens le croient. Mais les meneurs tiennent les fils,
reçoivent l'argent, et l'embrigadement une fois opéré,
sauront se faire obéir. Le Comité central dont nous
avons vu la création décidée au Congrès de Reims,
existe et fonctionne à Paris ; c'est lui qui, au moyen
d'un réseau complet de délégués et d'agents, transmet le
mot d'ordre aux extrémités de la France, et les masses
qui exécutent ce mot d'ordre n'en soupçonnent ni l'ori-
gine ni la portée.

Le moment venu, elles le suivront aveuglément et
sans avoir conscience du mal dont elles seront l'instrument. Sans doute, les anarchistes nihilistes, les terro-
ristes de la dynamite, sont des enfants perdus, des
éclaireurs aventureux ; mais derrière ces combattants
d'avant garde, il y a toute une armée qui s'avance d'un
pas lourd mais non moins sûr, et marche à la destruc-
tion de la société organisée.

Voilà le péril, il est immense ; et cependant nous
savons, nous chrétiens, que nous ne devons pas nous
en effrayer outre mesure.

Il y a quinze siècles, le vieux monde était envahi
de toutes parts par des légions de barbares, et sous leurs

pas le sol s'effondrait de lui-même : la civilisation païenne tombait en décomposition. Il n'y avait plus dans le monde que la force brutale et ignorante d'un côté, et la pourriture de l'autre ; il semblait que l'humanité courût au péril suprême ; mais la Croix s'était levée et brillait à l'horizon. Elle dompta les envahisseurs, purifia les restes de la vieille civilisation, et de cette barbarie et de cette décadence fit sortir l'épanouissement splendide de la civilisation chrétienne.

Nous aussi, Messieurs, nous sommes en face d'une invasion de barbares ; et notre société, avide de jouissances, affolée de luxe, livrée à la glorification de la chair et du plaisir, n'est que trop souvent l'image de la vieille société païenne. Mais la Croix est encore debout ; la guerre impie ne l'a point arrachée des cœurs. C'est encore la Croix qui nous sauvera.

Vous le comprenez, Messieurs, et c'est la charité sur les lèvres, mais en même temps la foi dans le cœur, que vous allez aux masses populaires pour désarmer leurs colères et leur annoncer la paix sociale.

Vous étudiez, sans vous lasser, tous les moyens d'améliorer leur sort matériel, comme leur situation morale ; vous proclamez que la sécurité du pain quotidien est un besoin primordial de l'homme, que les institutions sociales doivent tendre à l'assurer à chacun, en même temps que la dignité morale et la pratique de la loi divine.

Au mal social dont nous souffrons, vous cherchez des remèdes, et vous les trouverez. Vous les demandez au *patronage*, à l'*association* et à la *loi* ; mais vous savez que ces remèdes seraient impuissants s'ils n'étaient fécondés par la foi.

Et c'est cette foi même qui vous donne confiance !

Courage donc, Messieurs, et persévérance ! Restons tous fidèles à notre devise : *Instaurare omnia in Christo.* Restaurer le Christ par nos œuvres ; lui rendre sa place dans les mœurs, dans les lois, dans le monde du travail, dans toutes les parties du corps social. Le salut est à ce prix. Au milieu de nos travaux, de nos études, des luttes actives de la charité et du patronat, que ce soit notre préoccupation constante. Ne cessons jamais, en un mot, de tenir nos esprits inclinés et nos yeux fixés vers le signe sacré de la Rédemption : la Réforme sociale est là tout entière !